Michelle Tophinke

Alle meine Enten

Ente

Abonnente

Entertainmente

Gesangstalente

Prominente

Managemente

Produzente

Konsumente

Cente

Alimente

Equipmente

Entlocken

Komplimente

Potente

entzückend

Entbinden

Enthält

Momente

Entwicklung

Entsprechend

Akzéntè

Tigerente

enter shock

Entfalten

Sukkulente

Enton

Enterman

Entfernung

Entfernte

Enter

Enterhaken

Entern

Kentern

Ente

Entwerter

Intelligente

Abituriente

Dozente

Studente

Appartmente

Ambiente

Bauelemente

Fundamente

Filamente

5

Exponente

Komponente

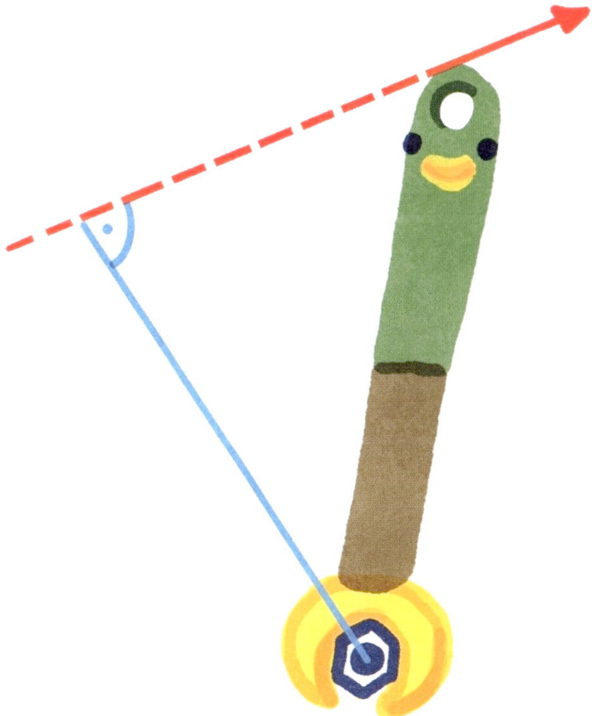

Drehmomente

Tangente

Fragmente

Excelente

Assistente

Entladen

Entladen

Sortimente

Enteressant

Prozente

entschlossen

Investmente

Dekadente

Entwurf

Dokumente

Effiziente

Insolvente

Entnervte

Enttäuschte

Entzug

Entgleisen

Patiente

Medikamente

Entzwei

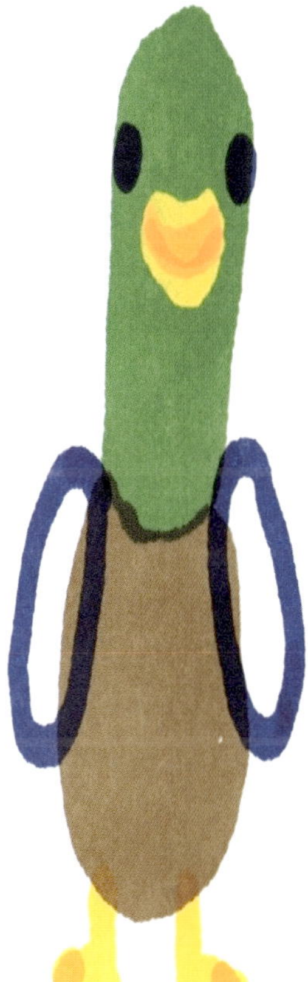

Entlang

Entergebnis

Abstinente

Entdeckerin

Kontinente

Monumente

Zemente

Patente

Parlamente

Rente

Demente

Inkontinente

Entschuldigung

Entwischen

Verendente

Testamente

Obduzente

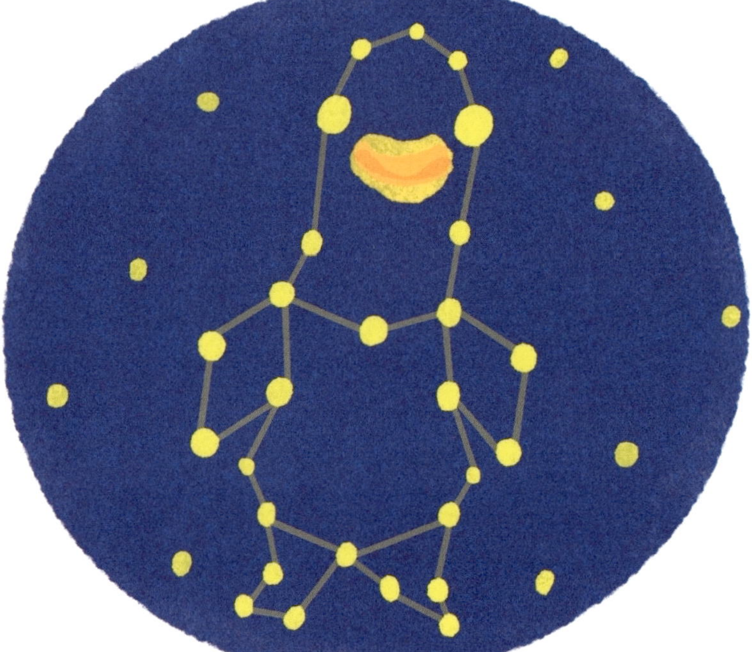

Firmamente

Raumschiff Enterprise

Aszendente

Sakramente

Dezente

Permanente

Pergamente

Pigmente

Ornamente

Oriente

Gradiente

transparente

Entstehen

Entsetzen

Entleeren

WC Ente

Exkremente

Geruchskomponente

Entsorgte

Existente

Konsistente

Unentliche

Experimente

Entzünden

Fluente

Turbulente

Elemente

Herr der Elemente

Entführte

Entlaufen

Agente

Entziffer

Temperamente

Konkurrente

Argumente

Totschlagargumente

Polizeipräsidente

Ambivalente

Gentelman

Evente

Dirigente

Instrumente

Advente

Präsente

Nutrimente

Fermente

Entsättigte

Entsättigte

korpulente

Entfetten

Quentchen

Supplemente

Resistente

Entsafter

Entee

Entee

Entspannte

al dente

Entblößte

Entedankfest

VEGAN

Ente gut

alles gut

Danke an Marius
Müni, Ricarda
Linda, Kai
Annente

und Ente ☺

Entedankfest

jaja

Inhalt und Illustrationen
von Michelle Tophinke
@finallyfoundagoodusername

Herausgeber
Jaja Verlag
Fein illustrierte Machwerke
Annette Köhn
Tellstraße 2
12045 Berlin
www.jajaverlag.com

VERLAG

Druck
JELGAVAS TIPOGRĀFIJA, Lettland
5. Auflage, Berlin, Dezember 2025
4. Auflage, Dezember 2024
3. Auflage, Juli 2024
2. Auflage, Februar 2024
Erstauflage, Berlin, Dezember 2023

ISBN 978-3-948904-53-1